BOEKANALYSE

AF156566

Drie sterke vrouwen

MARIE NDIAYE

BOEKANALYSE

Geschreven door Mélanie Ackerman
Vertaald door Nikki Claes

Drie sterke vrouwen

· ·

MARIE NDIAYE

MARIE NDIAYE

FRANS ROMANSCHRIJVER, DRAMATURG EN SCHRIJVER VAN KORTE VERHALEN

- **Geboren in 1967 in Pithiviers, Frankrijk.**
- **Opmerkelijke werken:**
  - *La femme changée en bûche* ("Vrouw in houtblok", 1989), roman
  - *Rosie Carpie* (2001), roman
  - *Drie sterke vrouwen* (2009), roman

Marie NDiaye is geboren in 1967 en is romanschrijfster, dramaturge en schrijfster van korte verhalen. Zij heeft enkele tientallen werken geschreven, waaronder 12 romans, waaronder *Rosie Carpie* en *Drie sterke vrouwen*, die respectievelijk met de Prix Femina en de Prix Goncourt werden bekroond.

Hoewel geboren uit een Franse moeder en een Senegalese vader, groeide NDiaye op in Frankrijk en is ze slechts één keer in Afrika geweest, in de jaren tachtig. Vanwege haar Senegalese afkomst wordt haar werk soms in verband gebracht met de négritude-beweging die door Franstalige Afrikaanse schrijvers en denkers is ontwikkeld, maar NDiaye beweert tot geen enkele literaire beweging te behoren.

DRIE STERKE VROUWEN

VROUWELIJK HELDENDOM

- **Genre**: roman
- **Referentie-uitgave**: NDiaye, M. (2012) *Drie sterke vrouwen*. Trans. Fletcher, J. Londen: MacLehose Press.
- **1ste druk**: 2009
- **Thema's**: vrouwen, rebellie, familie, Senegal, lafheid, moed

Drie sterke vrouwen (2009) is het werk dat NDiaye beroemd maakte – het boek won niet voor niets de Prix Goncourt. In de roman ontvouwen zich drie verschillende, ogenschijnlijk los van elkaar staande verhalen; het enige wat ze verbindt is dat ze allemaal vrouwen betreffen. Toch komt een gemeenschappelijk thema naar voren: de moeilijkheden waarmee de moderne vrouw wordt geconfronteerd. In alle drie de teksten is het de middelmatigheid van de man die de kracht van elk van deze vrouwen blootlegt. Bovendien verbindt een secundair personage het ene verhaal met het andere.

SAMENVATTING

HET EERSTE VERHAAL

Norah heeft het echt gemaakt in het leven: ze is advocaat en woont samen met haar partner Jakob, haar dochter en de zoon van Jakob. De jonge vrouw gaat op bezoek bij haar vader nadat ze een telefoontje van hem heeft gekregen. Haar partner en kinderen verrassen haar door zich later bij haar te voegen.

Bij aankomst herkent ze deze vreemdeling niet, die zich niet bekommert om zijn uiterlijk of goede manieren, zaken waar haar vader veel waarde aan hechtte. Norah bracht weinig tijd door met haar vader: ze groeide op met haar moeder en haar zus nadat hij haar broer Sony had meegenomen naar Afrika, waar hij zijn fortuin maakte en zich voordeed als een stoere vent. Nu vindt Norah hem alleen in een leeg huis. Ze ontdekt echter twee kleine meisjes opgesloten in een kamer, waarvan ze aanneemt dat het de kinderen van haar vader zijn. Haar vader daarentegen woont in de boom voor het huis. Norah komt er ook achter dat haar broer in de gevangenis zit omdat hij zijn stiefmoeder, de laatste vrouw van zijn vader met wie hij een verhouding had, heeft vermoord.

Wanneer haar broer bekent dat de dader in de moordzaak eigenlijk hun vader is, stemt de jonge vrouw ermee in zijn zaak te bestrijden. Hij geeft ook toe dat de tweeling die Norah zag eigenlijk zijn kinderen zijn, geboren uit zijn relatie met zijn stiefmoeder. Na een gesprek met haar vader ontdekt

Norah dat hij zijn vrouw de schuld geeft en niet Sony, wat duidelijk maakt hoe achterlijk hij werkelijk is: hij gelooft duidelijk dat vrouwen altijd schuldig zijn.

HET TWEEDE VERHAAL

Fanta verliet haar thuisland Senegal om met haar man, Rudy Descas, naar Frankrijk te gaan na een incident met enkele tieners in Dakar. Rudy loog echter tegen haar: hij was het die de tieners aanviel, en niet andersom zoals hij beweerde. Sindsdien is hun leven steeds moeilijker geworden: Fanta is er niet in geslaagd een baan als lerares te krijgen en haar man, die haar een prachtig leven had beloofd, heeft zijn beloften niet kunnen waarmaken. Ze moeten het doen met zijn weinig opwindende baan als keukenverkoper, die Rudy alleen heeft kunnen krijgen dankzij de tussenkomst van zijn moeder bij zijn baas, Manille, die ook een verhouding had met Fanta.

Zich pijnlijk bewust van zijn middelmatigheid, realiseert Rudy zich dat Fanta niet meer van hem houdt en zakt weg in wanhoop. Opgevreten door het verleden denkt hij voortdurend aan de man die hij was voordat hij terugkeerde naar Frankrijk. Op weg naar zijn werk herinnert hij zich de ruzie die hij die ochtend met zijn vrouw had. In een vlaag van woede zei hij tegen haar "je kunt teruggaan naar waar je vandaan komt".

Schuldig, bang en doodsbang dat zijn vrouw hem zal verlaten, probeert Rudy Fanta te bellen. Maar als hij haar bereikt, is ze terughoudend. Na enig nadenken realiseert hij zich dat wat hij tegen Fanta zei kan worden opgevat als "ga terug naar Manille".

Dan ontdekt hij dat zijn moeder op zijn werk is langsgekomen om folders achter te laten over het bestaan van engelen. Op het eerste exemplaar is gekrabbeld, wat Rudy kwaad maakt, want hij kan het idee niet verdragen dat iemand de draak steekt met het geloof van zijn moeder. Manille zegt dat hij het niet was en beweert dat hij Rudy's moeder dat nooit zou kunnen aandoen: toen hij klein was, bracht hij elke woensdagmiddag bij haar thuis door. Als hij dit hoort, wordt Rudy's jaloezie nog groter, omdat zijn moeder hem nooit heeft verteld dat het zijn baas was die ze altijd uitnodigde.

Op weg naar een ontevreden klant raakt een buizerd zijn auto en verwondt Rudy's hoofd. Wanneer hij de klant ontmoet, beseft de verkoper dat hij een ernstige fout heeft gemaakt in de keuken en weet hij dat hij zal worden ontslagen. Op de terugreis kan hij het niet laten om door het gebied te rijden waar een bepaalde beeldhouwer woont. De man had ooit een beeld gemaakt met een griezelige gelijkenis met Rudy. Als hij zijn huis ziet, wordt Rudy plotseling jaloers op deze "zielige kunstenaar". Hij overweegt hem te vermoorden, wat hem doet denken aan zijn eigen vader, die zijn partner vermoordde.

Wanneer hij zijn zoon Djibril gaat ophalen, heeft hij opnieuw een ontmoeting met de buizerd, die hem al verschillende keren heeft geraakt. De sfeer tussen vader en zoon is gespannen. Het jongetje gedraagt zich als Fanta.

Als hij Djibril bij zijn oma gaat afzetten, treft hij een buurjongen aan die een hapje komt eten. Rudy beseft dat zijn moeder denkt dat de jongen een engel is. Als hij haar een tekening van het kind ziet maken, overvalt hem een golf van afkeer en heeft hij het gevoel dat hij voor het eerst het ware gezicht van zijn moeder ziet. Als hij het huis verlaat, loopt hij over een vogel. Daar trekt hij zich echter niets van aan: hij is in een goede bui en verheugt zich erop naar huis te gaan. Fanta's buurman ziet hem en is verbaasd over hoe gelukkig hij lijkt. De twee buren zeggen elkaar voor het eerst gedag.

HET DERDE VERHAAL

Toen haar man stierf, kon Khady Demba alleen nog maar terecht bij haar schoonfamilie. Die kijken op haar neer en daarom steekt ze al haar energie in huishoudelijke taken en trekt ze zich langzaam in zichzelf terug. Als haar schoonfamilie haar vertelt dat ze weg moet, slaat de schrik haar om het hart. Ze vertellen haar over Fanta, een nicht die in Frankrijk woont, maar ze luistert niet naar hen.

Khady wordt door een man, die haar dwingt te lopen, naar een drukke binnenplaats gebracht en vervolgens in een auto gezet. Tijdens de reis ziet ze verschillende kraaien, die ze associeert met de kinderen die ze nooit heeft gehad. Zonder te weten waar ze naartoe wordt gebracht, is ze "toch blij om haar naam in stilte uit te spreken en deze te voelen in zo'n harmonie met het precieze, bevredigende beeld dat ze van haar eigen gelaatstrekken had". Tijdens de nacht stappen ze in een lekke boot. Khady weet echter te ontsnappen en rent naar het strand, waar ze in slaap valt.

Als ze wakker wordt, kijkt een jonge man genaamd Lamine naar haar. Ze stellen zich voor. In de loop van de volgende dagen groeien ze langzaam naar elkaar toe als ze allebei beseffen dat ze naar Europa willen. Khady leert veel van hem, want alles wat ze weet over het leven komt voort uit haar eigen ervaringen. Niemand heeft zich ooit zo over haar ontfermd.

Op een ochtend stappen ze in een vrachtwagen op weg naar Europa, maar ze worden al snel tegengehouden. Khady wordt dan gedwongen haar lichaam te verkopen om rond te komen. Ondanks de vernedering houdt ze zichzelf voor dat ze "Khady Demba in al haar eigenheid" is, totdat ze ontdekt dat Lamine haar heeft verraden en er met al haar zuurverdiende geld vandoor is gegaan. Wanneer hij in Europa aankomt, denkt hij elke betaaldag aan "het meisje", in de hoop dat zij het in zich zal vinden hem te vergeven.

Enige tijd later bevindt Khady zich in een kamp waar iedereen bezig is een ladder te bouwen. Ze besluit mee te doen. Op een nacht brengen ze allemaal hun ladders naar de muur die hen van Europa scheidt. Khady probeert haar wonden te negeren en geeft alles wat ze heeft. Ondanks haar inspanningen is een moment van zwakte voldoende om op de grond te vallen. Terwijl ze daar ligt, ziet ze een vogel, en plotseling heeft ze het vreemde gevoel dat ze naar zichzelf kijkt.

KARAKTERSTUDIE

HET EERSTE VERHAAL

Norah

Norah is de hoofdpersoon van het eerste verhaal. Zij is een moderne jonge moeder die in Parijs woont met haar dochter, haar partner en zijn zoon. Zij is een symbool van succes, maar ook van logica en moraal.

Verlaten en geminacht door haar vader toen ze nog een kind was, is ze er toch in geslaagd een briljante advocate te worden. In het verhaal helpt ze uiteindelijk haar vader en heeft ze medelijden met hem.

Norah's vader

Norah's vader heeft verschillende vrouwen en kinderen gehad. Na jaren van voorspoed is hij berooid en alleen en daarom roept hij Norah om hulp. Als ze aankomt, ziet ze hoe ver haar vader gevallen is: hij kan nu niets anders doen dan toekijken hoe de tijd verstrijkt en de mensen langzaam van hem wegdrijven. Hij is niet langer de tiran die ze ooit kende, maar slechts een gebroken man die in de vlammenboom voor zijn huis woont.

Sony

Norah's broer Sony is de enige zoon van hun vader. Hij werd als jongen meegenomen om in zijn land van herkomst te gaan wonen. Hij vertegenwoordigde de verandering en afkomst van zijn familie, maar de moord op zijn schoonmoeder veranderde alles. Nu hij is opgesloten in de gevangenis, wint hij de steun van zijn zus wanneer zij ontdekt dat hij niet schuldig is aan de aanklachten die tegen hem zijn ingediend.

Jakob

Norahs partner Jakob is het tegendeel van logisch, en vertegenwoordigt zowel wat Norah in het leven zoekt als wat ze zou willen vermijden. Ze probeert zich te beschermen tegen vlagen van tederheid en elk ander gevoel dat haar afhankelijk zou kunnen maken van zijn liefde. Daarom schommelt ze tussen het houden van hem en het haten van hem.

HET TWEEDE VERHAAL

Fanta

Fanta, de tweede sterke vrouw van het verhaal, is de vrouw van Rudy. Anders dan in het eerste verhaal staat Fanta niet centraal in het verhaal. Toch is haar aanwezigheid gedurende het hele verhaal voelbaar, omdat ze lijkt te breken met haar gedesillusioneerde echtgenoot. Ze was lerares in Afrika en besloot haar land te verlaten om met haar man naar Frankrijk te gaan. Hij en het leven dat hij haar biedt, brengen haar echter niets dan teleurstelling. Terwijl Rudy de zaken voor zichzelf blijft verergeren, ziet zij hem onder ogen en stelt zich onverschillig op. Ze is een sterke vrouw die uiteindelijk tot op zekere hoogte gelukkig blijkt.

Rudy Descas

Op het eerste gezicht heeft Rudy alles wat hij nodig heeft om gelukkig te zijn. Achter zijn ogenschijnlijke succes gaat echter een vermoeide man schuil die weet dat zijn leven bergafwaarts gaat. Hij lijkt ervan te genieten zo middelmatig te zijn dat anderen zich van hem verwijderen.

Manille

Rudy's baas is alles wat hij niet is: hij is een man die geslaagd is in het leven en plezier heeft in zijn werk. Dit is misschien waarom Fanta voor hem valt.

Rudy's moeder

Rudy's moeder is ervan overtuigd dat engelen bestaan en probeert dit geloof met anderen te delen. Rudy is erg afhankelijk van haar en ze speelt een grote rol in zijn leven. Uiteindelijk ontdekt Rudy echter de ware aard van zijn moeder en keert hij terug naar Fanta.

HET DERDE VERHAAL

Khady Demba

Khady Demba is een jonge Afrikaanse vrouw die na de dood van haar man geen andere keuze heeft dan bij haar schoonfamilie te gaan wonen. Deze minachten haar, buiten haar uit en schoppen haar er uiteindelijk uit, haar berooid en alleen achterlatend. Europa is voor haar het land van de vrijheid. Tijdens haar reis ontmoet ze Lamine, die haar verraadt. Ze lijdt allerlei pijn en vernederingen, maar weet zichzelf ervan te overtuigen dat ze uniek is. Tot het einde toe houdt ze vast aan haar motto: "Ik, Khady Demba."

Lamine

Khady ontmoet Lamine pas later in het verhaal. De twee groeien snel naar elkaar toe als ze beseffen dat ze hetzelfde doel hebben. Ze vertrekken samen naar Europa, maar Lamine verraadt haar. Terwijl zij gedwongen wordt haar lichaam te verkopen om rond te komen, steelt hij het geld dat zij heeft weten te verdienen en vertrekt naar Europa. Uiteindelijk komt hij daar aan, dankzij het meisje dat hij onderweg achterliet.

ANALYSE

EEN ROMAN OF EEN VERZAMELING KORTE VERHALEN?

Drie sterke vrouwen is een werk dat bestaat uit drie verhalen. Daardoor kan het beschouwd worden als een verzameling korte verhalen.

Volgens het Collins English dictionary is een kort verhaal "een prozaverhaal van kortere lengte dan de roman", terwijl een roman "een uitgebreid werk in proza" is. Deze twee definities specificeren echter niet wat "van kortere lengte" of "uitgebreid" eigenlijk betekent. Toch is het moeilijk om te zeggen dat *Drie sterke vrouwen* een verzameling korte verhalen is, omdat ze allemaal relatief lang zijn.

Er is nog een andere reden waarom *Drie sterke vrouwen* als een roman kan worden beschouwd: de drie verhalen zijn met elkaar verbonden, zij het ternauwernood. Er zijn twee soorten relaties die de drie verhalen samenbrengen.

- Ten eerste zijn er overeenkomsten tussen de verhalen vast te stellen vanwege hun gemeenschappelijke thema – ze portretteren allemaal vrouwen die in moeilijke situaties waardig blijven en het opnemen tegen mannen die alle gevoel voor trots hebben verloren.

- Ten tweede verbinden de personages het ene verhaal met het andere: Khady Demba, de hoofdpersoon van het derde verhaal, is ook het dienstmeisje van Norahs vader, wat we ontdekken aan het einde van het eerste verhaal, en in het derde verhaal probeert Khady Fanta te bereiken, haar nicht die in Frankrijk woont en de hoofdpersoon is van het tweede verhaal.

Deze verschillende verbanden doen ons denken dat de drie verhalen slechts verschillende stukken leven zijn, als verschillende aspecten van één wereld. Over het geheel genomen is de roman dus een weergave van het hedendaagse leven.

DRIE STERKE VROUWEN EN DRIE LAFFE MANNEN

De verhalen in het boek tonen vrouwen die niet bang zijn om voor zichzelf op te komen. In die zin zijn zij de ware helden: ze mogen dan wel "alleen machteloos zijn [maar] […] elke vrouw behoudt een reddende kern van menselijkheid […] die onbegrijpelijk is voor de vaders, echtgenoten of schoonfamilie die hen in gevaar brengen" (Eberstadt, 2012).

Elk van hen lijdt een leven dat ze niet hebben gekozen.

- Norah moet haar familie en werk opzij zetten om haar vader op te zoeken, ook al heeft hij haar, haar zus en haar moeder in de steek gelaten toen ze nog een kind was. Ze doet echter veel meer dan dat. Als ze aankomt, ontdekt ze dat hij zijn fortuin heeft verloren en nu in armoede leeft. Hoewel ze aanvankelijk van hem walgt, krijgt ze uiteindelijk medelijden met hem. Ze besluit voor haar broer te vechten en groeit naar haar vader toe.

- Fanta heeft haar land verlaten om bij haar man en zijn beloften van een goed leven te blijven. Hoewel ze lerares was in Dakar, kan ze geen baan krijgen in Frankrijk. De gedachte aan haar verspilde leven achtervolgt haar elke dag. Haar man daarentegen wentelt zich in zijn middelmatigheid en komt zijn beloften niet na. Maar zelfs in deze situatie blijft onze heldin sterk.

- Khady Demba probeert naar Europa te komen. Ze ontmoet Lamine, die haar aanmoedigt zich te prostitueren voordat hij haar in de steek laat en haar al haar geld afhandig maakt. Khady overwint dapper elk obstakel dat op haar pad komt, waarbij ze zichzelf eraan herinnert dat ze blij is zichzelf te zijn en dat ze uniek is.

Het benadrukken van de moed van deze vrouwen benadrukt echter ook de lafheid van de mannen om hen heen. De heldinnen van NDiaye laten zich nooit verslaan, hoe zwak de mannen in hun leven ook zijn.

- Norahs vader was vroeger een tiran die met ijzeren vuist over zijn huishouden heerste. Wanneer Norah hem echter voor het eerst in jaren weer ziet, treft ze hem aan als een gebroken man. Zijn nieuwe uiterlijk getuigt van zijn leven: zijn vrouw heeft hem verlaten en zijn zoon zit in de gevangenis voor een misdaad die hij zelf heeft begaan.

- Rudy Descas, Fanta's echtgenoot, heeft haar nooit het mooie huis, de gloednieuwe auto of de baan als leraar kunnen geven waar ze van droomde. Hij is zijn eigen ergste vijand, want "zijn arrogantie had hem verhinderd zijn vaardigheden merkbaar te verbeteren".

- Lamine fascineert Khady Demba bij hun eerste ontmoeting. Zodra hun geld echter opraakt, laat hij haar haar lichaam verkopen, waarna hij haar aan haar lot overlaat en er met haar verdiensten vandoor gaat. Lamine bereikt Europa en denkt soms aan het arme meisje dat hij niet eens heeft geprobeerd te redden.

HET UITEENVALLEN VAN HET GEZIN

In *Drie sterke vrouwen pakt* Marie NDiaye een thema aan dat ze al in haar vorige boeken heeft behandeld: familie. De auteur belicht niet alleen de kloof tussen de drie vrouwen en de mannen in hun leven, maar laat ook zien hoe het begrip familie afbrokkelt. In elk van deze verhalen hangt familie aan een zijden draadje:

- In het eerste verhaal is de familie al lang weg. Als het verhaal begint, heeft Norahs vader zijn vrouw en dochters al in de steek gelaten om met zijn zoon weg te lopen. Norah is gescheiden van de vader van haar kind, maar probeert met Jakob weer een gezin op te bouwen, zonder te weten of ze wel van hem houdt. In beide situaties is de vader afwezig. Vaderlijke afwezigheid is een thema dat NDiaye ook aanpakte in haar eerste grote succes: *Rosie Carpe*.

- In het tweede verhaal lijkt het gezin stand te houden. Toch komt de lezer achter de affaire tussen Fanta en Manille en ontdekt vervolgens de rol van Rudy's moeder in de teloorgang van zijn huwelijk en gezin. Naarmate het verhaal vordert, worden geheimen langzaam onthuld, waardoor de lezer de onrust die tussen de hoofdpersonen is ontstaan kan begrijpen.

- Het laatste verhaal tenslotte is misschien ook het meest ontroerende. Hoe hard ze ook vecht, Khady eindigt altijd alleen. Verlaten door haar ouders, weduwe na drie jaar huwelijk en verstoten door de familie van haar man, kent de jonge vrouw nooit het geluk van een verenigd gezin.

Hartzeer raakt elk van deze verhalen. Geen van de heldinnen klaagt echter ooit; integendeel, de toon van de roman helpt de karakters van Norah, Fanta en Khady te versterken en bevestigt dat zij drie sterke vrouwen zijn.

SENEGAL: DE ACHTERGROND VAN DE ROMAN

De vader van Marie NDiaye is Senegalees, wat betekent dat zij van Afrikaanse afkomst is. De in Frankrijk geboren schrijfster weigert echter geassocieerd te worden met Afrikaanse literatuur: ze voelt zich meer Frans dan Afrikaans, aangezien ze weinig kennis heeft van het land van haar vader. Toch lijkt dit continent, misschien zelfs onbewust, in haar werk tot uiting te komen. De verhalen in *Drie sterke vrouwen* zijn allemaal verbonden met Senegal: ze spelen zich daar af, of het land is een belangrijke factor in het verhaal.

- In het eerste verhaal gaat Norah haar vader opzoeken in zijn geboorteland. Senegal wordt nooit expliciet genoemd, maar er zijn verschillende aanwijzingen die erop wijzen dat we in het land van de vader van Norah zijn (Devarrieux, 2009). We maken bijvoorbeeld kennis met het dorp Dara Salam, de wijk Grand-Yoff en de krant *Le Soleil*, die allemaal aanwijzingen zijn dat we ons in de stad Dakar bevinden, de hoofdstad van Senegal.

- Hoewel het tweede verhaal zich afspeelt in Frankrijk, is de heldin Afrikaans. Ze heeft haar land verlaten voor Europa, maar vindt niet het geluk dat ze zoekt.

- Het derde verhaal belicht de wil van een vrouw om Senegal te verlaten. Het verhaal is een getuigenis van haar zoektocht naar Europa en onafhankelijkheid, en een verslag van haar strijd om uit haar vroegere leven in Senegal te stappen.

Zo is elk van de heldinnen van NDiaye een vrouw die verscheurd is tussen Senegal en Frankrijk. Norah, Fanta en Khady moeten hun weg, hun identiteit en hun plaats vinden tussen deze twee naties en continenten. De roman gaat dus over "blanke huid, zwarte huid en de misverstanden die ze veroorzaken" (Devarrieux, 2009). Zo belicht Marie NDiaye de dagelijkse strijd van veel vrouwen in hun zoektocht naar erkenning.

VERDERE REFLECTIE

ENKELE VRAGEN OM OVER NA TE DENKEN...

- Waarom noemde Marie NDiaye haar boek niet *Drie laffe mannen*?

- Zie je parallellen in deze verhalen met NDiaye's leven? Maakt dit de roman meer een autobiografisch verhaal?

- Elk deel van de roman eindigt met een tegenstelling. Hoe draagt dit bij aan elk verhaal als geheel?

- Details leggen verbanden tussen de verhalen. Hoe kun je dit verklaren? Waarom heeft de auteur deze verbanden volgens jou niet duidelijker gemaakt?

- Welk ander element legt, naast het thema van de strijdlust en het karakter van Khady Demba, een verband tussen het eerste en het laatste verhaal?

- Waarom concentreert het tweede verhaal zich volgens u op Rudy Descas en niet op zijn vrouw Fanta?

- Wat verenigt NDiaye's drie heldinnen? Werk je antwoord uit aan de hand van de verschillende verhalen.

- Waarin verschillen de drie heldinnen? Werk je antwoord uit door te verwijzen naar de verschillende verhalen.

- Is de relatie tussen Europa (Frankrijk) en Afrika (Senegal) evenwichtig? Leg je antwoord uit.

- Hoe voegt NDiaye volgens jou een positieve noot toe aan deze verhalen? Welke andere elementen wijzen op een betere toekomst voor deze vrouwen?

- Hoe zou u een verfilming van *Three Strong Women* maken?

VERDER LEZEN

REFERENTIE-UITGAVE

NDiaye, M. (2012) *Drie sterke vrouwen*. Trans. Fletcher, J. Londen: MacLehose Press.

REFERENTIESTUDIES

Davies, C. (1994) *Black Women, Writing and Identity: Migrations of the Subject*. Oxfordshire: Routledge.

Devarrieux, C. (2009) NDiaye, la soif des maux. *Libération*. [Online]. [Accessed 4 August 2017]. Beschikbaar op: <http://next.liberation.fr/livres/2009/08/20/ndiaye-la-soif-des-maux_576838>

*We horen graag van jou! Laat
een reactie achter op jouw online bibliotheek
en deel je favoriete boeken op social media!*

MUST READ

Waarom kiezen voor Must Read?

Kom alles te weten over een boek
met onze beknopte en diepgaande
samenvattingen en analyses!

**Ontdek het beste uit de literatuur
in een compleet nieuw licht!**

www.50minutes.com

De uitgever garandeert de betrouwbaarheid van de gepubliceerde informatie, die echter niet onder zijn verantwoordelijkheid valt.

www.50minutes.com

Master ISBN: 9782808687614
Papier ISBN: 9782808699013
Wettelijk depot: D/2023/12603/1181

Omslag: © Primento

Digitaal ontwerp: Primento, de digitale partner van uitgevers.